철학쌤!
안다는 것이 뭐예요?

크리스토프 J.B. 와
베티, 폴 V.B. 에게

Comment sais-tu ce que tu sais?
by Jeanne Boyer, illustrated Vincent Bergier

All rights reserved.
Copyright © Flammarion, 2012
Korean Translation Copyright © 2016 by DASAN Publishers House, Seoul, Korea
This Korean edition was published by arrangement with Flammarion, France
through THE Agency, Seoul, Korea

이 책의 한국어판 저작권은 더 에이전시를 통한 Flammarion와의 독점 계약에
의하여 다산기획에 있습니다. 신 저작권법에 의하여 한국 내에서 보호를 받는 저작물이므로
무단 전재와 무단 복제를 금합니다.

철학쌤!
안다는 것이 뭐예요?

잔 부아예 글 | 뱅상 베르지에 그림 | 임명주 옮김

다산기획

| 서문 |

어린이야말로 최고의 철학자

박연숙 철학박사 / 숭실대학교 베어드학부대학 교수

사람들이 저에게 어린이가 철학을 할 수 있느냐고 물어 올 때가 있습니다. 그러면 저는 "어린이도 철학을 할 수 있다"고 답하지 않고, "어린이이기 때문에 철학을 할 수 있다"고 답합니다. 철학은 유명 철학자의 어려운 말들을 유창하게 풀어내는 것이 아닙니다. 철학은 '지혜에 대한 사랑(사랑philos+지혜sophia)'입니다.

지혜는 이미 알려진 지식을 줄줄 암기하는 것이 아니라 "왜?", "왜?", "왜?"라고 묻는 어린 아이처럼 참된 것을 알기 위해 끊임없이 묻고 생각하는 활동입니다. "사랑해"라는 말 한 마디가 사랑이 아니듯이, 사랑은 끊임없이 관심을 갖고, 더 깊이 생각하는 마음입니다.

지혜에 대한 사랑도 마찬가지입니다. 참된 것을 알기 위해 질문하고 더 깊이 생각하는 과정에서 지혜에 대한 사랑이 열립니다. 이것을 '철학함' 또는 '철학하기'라고 부릅니다.

철학하기는 책상에 앉아 혼자서 궁리하는 일이 아니라 다른 사람과 대화하고 토론하며 완성됩니다. 잔 부아예의 『철학쌤! 안다는 것이 뭐예요?』에서 말벌 필로는 길을 잃은 후 아이들이 왜 서로 다른 생각을 했는지 궁금해합니다. 아이들은 서로 다르게 생각했고, 결국 다르게 행동했습니다. 서로 다른 철학을 갖고 있다는 뜻입니다.

여기서 철학이 왜 중요한지를 알 수 있습니다. 우리에게 철학이 있는지 없는지 그리고 어떤 철학을 가지고 있는지에 따라 우리의 삶이 달라지기 때문입니다. 만약 철학이 없다면, 우리는 자신의 행동에 대해 이유를 말할 수 없습니다. 그래서 중요한 결정을 스스로 내리지 못하고 다른 사람들이 하라는 대로 행동하며 살게 됩니다. 어떤 사람은 그렇게 사는 것이 오히려 편하다며 좋아할지 모릅니다. 그러나 스스로 생각하고 선택하지 않았다면 자신의 삶을 산다고 할 수 없습니다. 철학은 자신의 삶을 살아가는 매우 중요한 기준입니다.

사람들 모두 똑같은 철학을 가질 필요는 없습니다. 가장 '나'다운 철학을 찾아나가는 일이 중요합니다. 그래서 철학은 정해진 답이 아니라, 스스로 묻고 생각하며 자신을 찾아가고 내가 삶의 주인이 되어가는 과정입니다. 그러니 어린이야말로 최고의 철학자입니다.

 차 례 |

서문 어린이야말로 최고의 철학자

등장 인물 시우, 나리, 노아 그리고 필로

1 안다는 것은 무엇일까? 10

세 아이가 숲속에서 길을 잃다!
시우와 말벌의 대화/ 이미 아는 사실에서부터 시작하면 돼
나리와 말벌의 대화/ 당황하지 말고, 먼저 깊이 생각하면 돼
노아와 말벌의 대화/ 관찰이 중요해. 모든 것에는 법칙이 있어
시우와 대화한 말벌의 생각/ 이미 있는 지식을 배우고 공부해야 해
나리와 대화한 말벌의 생각/ 지식을 얻기 위해서는 깊이 생각해야 해
노아와 대화한 말벌의 생각/ 지식을 얻기 위해서는 잘 관찰해야 해

2 모른다는 사실을 깨달아야 앎이 시작된다 30

철학 읽기 지동설을 주장했다고 감옥에 갇힌 갈릴레이
철학 한 마디 내가 확실하게 아는 것은 내가 아무것도 모른다는 것이다
– 소크라테스
철학 읽기 프로메테우스의 선물

③ 생각해야 인간이다 44

철학 읽기 벌거숭이 임금님
철학 한 마디 나는 생각한다. 고로 존재한다 – 데카르트
철학 퀴즈 논리적으로 생각하기

④ 경험한 만큼 생각할 수 있다 54

철학 읽기 아이슈타인의 뇌
철학 한 마디 생각은 경험 안에서 자유롭다 – 흄
철학 읽기 어둠 속의 코끼리

⑤ 나는 어떤 철학자일까? 66

철학 테스트 나는 어떤 철학자일지 알아봐요!
소크라테스는 어떤 사람인가?
데카르트는 어떤 사람인가?
흄은 어떤 사람인가?

 등장 인물 |

시우

어떤 결정을 내릴지 알 수 없는 상황을 만났다면 어떻게 해야 할까? 시우는 이럴 때일수록 이미 아는 사실에서부터 시작해야 한다고 믿는다. 그래서 산 속에서 길을 잃었을 때 시우는 당연히 과학시간에 배운 걸 제일 먼저 떠올렸고, 여우의 발자국을 찾으면 된다고 믿는다. 지식을 얻기 위해 늘 공부해야 한다고 믿는 학구파.

나리

나리는 논리적인 여학생이다. 무언가를 알기 위해서는 먼저 깊이 생각해야 한다고 믿는다. 그래서 힘든 일이나 낯선 곳에서 위험에 맞닥뜨렸을 때도 당황하지 않고 먼저 생각한다. 이번에 산에서 길을 잃었을 때도 부모님이 쉽게 찾을 수 있게 제자리에서 멈추고 기다리는 것이 최선이라고 생각하는 논리파.

> 노아

노아는 주변에서 만날 수 있는 모든 것들을 유심히 살피고 관찰하는 걸 좋아하는 남학생이다. 노아는 자연 현상은 모두 일정한 법칙이 있고, 다만 그걸 관찰하지 않기 때문에 모를 뿐이며, 인간이 생각은 변하지만 아침에 해가 뜬다는 건 변하지 않는 진리라고 믿는다. 지식은 관찰로부터 시작된다고 믿는 관찰파.

> 생각하는 말벌, 필로

필로는 시우, 나리, 노아가 숲속에서 길을 잃고 각기 다른 생각을 하는 걸 보고 '왜 세 친구가 서로 다르게 생각했을까?' 하고 의문을 품는다. 생각하는 말벌, 필로이기 때문이다. 그리스어로 철학이란 '필로소피아(Philosophia)'이다. 여기서 필로스(Philos)는 '사랑'이란 뜻이고, 소피아(sophia)는 '앎'이란 뜻이다. 즉 철학이라는 말의 뜻 그대로 말벌 필로는 앎을 사랑하는 말벌.

1
안다는 것은 무엇일까?

세 아이가 숲속에서 길을 잃다!

같은 학교에 다니는 시우, 나리, 노아는 부모님들끼리도 무척 친합니다. 그래서 날이 따뜻해지자 친구들은 부모님

에게 함께 캠핑을 가자고 졸랐습니다. 여러 날이나 손꼽아 기다린 끝에 드디어 오늘 숲으로 놀러왔습니다.

시우, 나리, 노아는 오랜 만에 친구들과 함께 나온 것이 무척 신났습니다. 숲에 사는 식물이랑 곤충이랑 모든 게 궁금했습니다. 그래서 캠핑장 주변을 돌아보며 식물 채집도 하고, 곤충도 관찰하기로 했습니다.

그런데 처음 보는 신기한 곤충을 잡으려고 쫓아 다니다 그만 길을 잘못 들었습니다. 숲에서 길을 잃어 벌써 몇 시간째 헤매고 있습니다.

지금쯤 부모님들은 시우, 나리, 노아가 몇 시간째 보이지 않아 무척 걱정하실 텐데 큰일입니다. 아무리 걸어도 처음 왔던 곳을 찾을 수 없습니다. 도대체 부모님들이 계신 캠핑장으로 돌아가려면 어떻게 가야 할까요?

여러 건물이며 간판들이 있는 도시와 달리 숲속의 나무들은 모두 다 똑같아 보입니다. 시우, 나리, 노아의 눈에는 어디가 어딘지 구별이 안 되고 자꾸 같은 자리에서 헤매기만 합니다. 그러는 사이 해는 지고 주위는 점점 어두워지고 있습니다. 이럴 때는 어떻게 해야 할까요?

"이제 알겠어!"

그때 세 사람이 한 목소리로 외쳤습니다.

시우는 이렇게 생각했습니다.

"이제 알겠어! 여우의 발자국을 찾으면 돼. 왜냐하면 여우는 닭을 잡아먹기 위해 농가로 내려오거든."

나리는 이렇게 생각했습니다.

"알겠어! 한 발짝도 움직이면 안 돼. 그래야 부모님이 금

방 우리를 발견할 수 있잖아."

 노아는 또 다르게 생각했습니다.

 "알겠어! 내일 아침까지 기다려야 해. 날이 밝으면 더 잘 볼 수 있잖아."

시우와 말벌의 대화

이미 아는 사실에서부터
시작하면 돼

말벌 필로가 부웅~ 하고 날아왔습니다.

"안녕, 시우! 여기서 뭐하는 거야?"

"안녕, 필로! 숲속에서 길을 잃었어. 그래서 여우의 발자국을 찾고 있는 중이야. 여우는 닭을 잡아먹기 위해 농가로 내려오잖아."

"정말로? 그걸 어떻게 알아?"

"과학시간에 배웠어."

"선생님이 그렇게 말하셨구나! 그런데 선생님은 어떻게 아셨을까?"

"모르겠는데! 선생님도 누군가에게 배우지 않았을까?"

"그렇다면 너는 모르는 사람이 한 말을 그대로 믿는다는 거야? 그 사람이 거짓말을 할 수도 있잖아. 아니면 자신은 사실이라고 믿지만, 사실은 틀린 말일 수도 있고."

"네 말이 맞아. 여우가 닭을 잡아먹기 위해 농가로 내려온다는 것을 완전히 확신할 수는 없어. 그렇다고 내가 직접 확인할 수도 없잖아! 더구나 지금은 숲속에서 길을 잃었기 때문에 그 문제부터 해결해야 해!"

나리와 말벌의 대화

당황하지 말고,
먼저 깊이 생각하면 돼

말벌 필로가 부웅~ 하고 날아왔습니다.

"안녕, 나리! 여기서 뭐하는 거야?"

"안녕, 필로! 길을 잃었어. 사람들이 우리를 찾으러 오기를 기다리고 있어. 길을 찾기 위해 돌아다니는 것은 좋은 생각이 아닌 것 같아. 사람들이 우리를 찾고 있는데 우리가 계속 움직이면 어떻게 만날 수 있겠어?"

"그걸 어떻게 알아?"

"당연하잖아. 엄마와 내가 동시에 숲속을 헤맨다면 만날 확률이 적어지지만, 내가 움직이지 않고 제자리에 있으면 엄마가 나를 좀더 쉽게 찾을 수 있어."

"그런데 그것이 '당연'하다는 것을 어떻게 알아? 누가 당연하다고 얘기해 줬어? 아니면 전에도 길을 잃은 적이 있었어?"

"아니. 아무도 당연하다고 말해주지 않았고, 지금까지는 숲속에서 길을 잃은 적도 없어. 하지만 움직이지 않고 제 사리에 있어야 해. 그게 당연한 행동이라는 걸 머리로 생각할 수 있잖아. 2 더하기 2가 4라는 것을 누구나 아는 것처럼 말야. 당연한 거야!"

노아와 말벌의 대화

관찰이 중요해.
모든 것에는 법칙이 있어

필로가 자고 있는 노아의 귀에 대고 말했습니다.

"노아, 자는 거야?"

"만나서 반가워."

잠에서 깬 노아는 눈을 비비며 말했습니다.

"잠을 깨워서 미안해. 그런데… 왜 숲속에서 자고 있는 거야?"

"길을 잃었어, 필로. 그래서 날이 밝을 때까지 기다리고 있는 거야. 내일 해가 뜨면 더 잘 볼 수 있으니까."

"그걸 어떻게 알아?"

"무엇을 어떻게 알아?"

"내일 해가 뜰 것이라는 것을 어떻게 아냐고."

"그런 말이 어디 있어! 언제나 매일 아침 어김없이 해가 뜨니까 아는 거지. 내 눈으로 직접 봤어, 그러니까 틀림없어."

"그래. 하지만… 내일 아침에는 해가 뜨지 않을 수도 있잖아. 왜 해가 내일 똑같이 뜰 거라고 생각해? 갑자기 생각을 바꿔 뜨지 않을 수도 있잖아."

"말도 안 돼! 인간만이 생각을 바꿀 수 있어. 자연은 언제나 일정한 방식으로 움직여. 그래서 잘 관찰하면 자연이 어떻게 움직이는지 그리고 앞으로 어떻게 움직일지 예측할 수 있어."

시우와 대화한 말벌의 생각

이미 있는 지식을 배우고 공부해야 해

시우 말이 맞아. 모든 것을 일일이 다 확인할 수는 없을 거야. 그러면 평생 확인만 하다가 다른 것은 아무것도 하지 못하겠지!

학교에 가면 선생님께서 수학, 과학, 역사, 지리 등 많은 것을 가르쳐 주셔. 그런데 선생님도 그 모든 것을 직접 알아낸 것이 아니라 누구가에게 배운 거야.

과학자도 아무것도 모르는 상태에서 처음부터 연구하는 게 아니라 다른 과학자들이 해놓은 연구에서부터 출발해 새로운 발견을 하는 거라고. 그래야 시간을 낭비하지 않

고, 연구 내용도 더 발전시킬 수 있지.

만약 과학자가 매번 처음부터 다시 해야 한다면 시간 면에서도 효율성이 떨어지고, 연구 결과 면에서도 기대치에 못 미칠거야. 설사 평생 연구만 한다고 해도 지금 우리가 알고 있는 것보다 더 많은 것을 알아내지 못 할 거야.

그러니까 지식을 얻고 새로운 것을 발견하기 위해서는 앞선 기본 지식을 배우고 공부해야 해.

나리와 대화한 말벌의 생각

지식을 얻기 위해서는
깊이 생각해야 해

나리 말이 맞아. 길을 잃었을 때 무작정 계속 움직인다면 사람들이 찾기가 무척 어려울 거야. 이런 것처럼 배우거나 경험하지 않아도 알 수 있는 것들이 있어. 논리적으로 생각하면 되는 것처럼 말야.

예를 들어 민호가 민규의 형이고 민호 엄마의 이름이 재원이라면, 민규 엄마의 이름도 재원이라는 것을 논리적으로 생각하면 쉽게 알 수 있잖아.

하지만 논리적으로 생각한다고 해서 새로운 지식이 저절로 얻어지는 것은 아냐. 천체를 연구하기 위해서는 별을 관찰해야 하고, 역사를 공부하기 위해서는 옛날에 쓰여진 기록들을 살피고 원인과 결과를 잘 따져봐야 해. 물론 논리적인 사고만으로 학문을 연구할 수는 없지만 그렇다고 논리가 중요하지 않는 것은 아냐. 지식을 얻기 위해 아무리 많은 책을 읽고 공부를 한다고 하더라도 논리적이지 않다면 살아있는 지식이라고 할 수 없어. 아무도 과학이론으로 인정하지도 않아.

그러니까 지식을 얻기 위해서는 논리적으로 깊이 생각해야 해.

노아와 대화한 **말벌**의 생각

지식을 얻기 위해서는
잘 관찰해야 해

노아의 말이 맞아. 자연세계는 인간세계와는 많이 달라.

해는 매일 아침마다 뜰까 말까를 고민하지 않고, 강물도 매순간 어느 방향으로 흐를까 생각하지 않아. 나뭇잎이 가을에 떨어질까, 봄에 떨어질까 고민할 것 같아?

모든 자연현상은 나름의 일정한 법칙에 따라 움직이고, 그 법칙을 절대 거스르는 법이 없어. 게다가 이 자연법칙은 인간과 과학의 법칙 이전에 이미 그 자체로 존재했어.

그렇기 때문에 자연현상을 예측하려면 일정 기간 잘 관찰하는 것이 무엇보다 중요해. 해가 몇 시에 뜨고 지는지,

 강물은 어느 방향으로 흐르는지, 어느 계절에 나뭇잎 색깔이 변하고 꽃이 피고 떨어지는지 관찰하다 보면 일정한 법칙을 발견할 수 있어.
 물론 지진이나 태풍처럼 자연의 질서를 깨뜨리는 경우도 있지. 하지만 우리가 그 같은 현상을 예측하지 못하는 것은 여전히 자연에 대해 배우고 이해할 것이 많다는 뜻이야.
 그러니까 지식을 얻기 위해서는 잘 관찰하고 기록하고 일정한 법칙을 발견하는 과정이 매우 중요해.

 **철학 퀴즈**

같은 색깔의 낱말을 연결해서 속담 세 개를 찾으세요.

　　　　　　　　　　　　말이라도

공자

　　　　　　　　　　　　　　　　쓴다
　　　　　　　보배

학문에는

　　　　　　　　없다　　　　　꿰어야
　　　　문자

　　구슬이　　　　　　　　　　앞에서
　　　　　　　　　왕도가

　　　　　　서

정답 | 학문에는 왕도가 없다
　　　　　공자 앞에서 문자 쓴다
　　　　　구슬이 서 말이라도 꿰어야 보배

세상의 모든 지식을 알 수 있을까?

2
모른다는 사실을 깨달아야 앎이 시작된다

　수세기 동안 사람들은 태양이 지구의 주위를 돈다고 생각했습니다. 하지만 18세기 초 갈릴레오 갈릴레이는 지구가 태양의 주위를 돈다는 지동설을 주장했습니다.

당시 사제들은 갈릴레이의 생각이 기독교 교리에 어긋난다고 판단하고, 갈릴레이에게 종신형을 선고했습니다.

지금 기준으로 보면 매우 부당한 선고처럼 보입니다. 종교의 가르침에 맞지 않는다고 해서 새로운 과학적 발견을 숨기거나 인정하지 않는 것은 옳지 않습니다. 어떤 이유로도 과학의 진보를 막아서는 안 되기 때문입니다.

그럼에도 오늘날 이러한 과학의 진보가 가져다주는 혜택과 폐해에 대한 의문도 여전히 제기되고 있습니다. 예를 들어 과학자들이 지구를 폭발시키는 방법을 개발해도 될까요? 과학자들이 생물을 변형시키는 연구를 해도 될까요? 이 질문에 대한 답은 아직 없습니다. 이렇듯 과학의 진보와 도덕이 서로 충돌하는 예는 많습니다. 하지만 과학이라는 이유만으로 모든 것이 허용될 수 없다는 건 분명합니다. 과학의 진보도 도덕이나 윤리를 지키고 따라야 하지 않을까요?

철학 유머

소크라테스가 확실히 아는 것은?

> 철학 한 마디

내가 확실하게 아는 것은
내가 아무것도 모른다는 것이다
• 소크라테스 •

"내가 확실하게 아는 것은 내가 아무것도 모른다는 것이다"는 너무나 유명한 말입니다.

스스로 현명하고 지혜로운 사람이라고 말하는 사람들을 향해 소크라테스가 한 말입니다.

이 말은 지혜로운 사람이 되는 길은 먼저 자신이 무지하다는 사실을 깨닫는 것에서부터 시작한다는 뜻입니다. 다 안다고 생각하는 사람은 배우려 하지 않기 때문에 절대 아무것도 배울 수 없다는 것이 소크라테스의 생각입니다.

여기서 주의해야 할 것은 무지를 깨닫는다는 것은 자신이 무엇을 모르는지 확인하는 것뿐만 아니라 이미 알고 있는 것에 대해시도 의문을 세기해야 한다는 뜻입니다.

소크라테스는 일생 동안 사람들과 끊임없이 대화하면서 상대방이 안다고 확신하고 있는 것에 대해 의문을 제기했습니다. 사람들은 소크라테스가 제기하는 질문에 답을 하고 자신의 주장을 증명하면서 정의와 행복 혹은 정치에 대한 자신의 생각에 많은 편견이 있었다는 것을 깨달을 수 있었습니다.

자신의 생각이 틀렸다는 것을 깨달을 때 비로소 진정한 사고를 할 수 있고, 진실을 발견할 수 있는 가능성이 있는 것입니다.

철학 읽기

프로메테우스의 선물

프로메테우스(먼저 아는 자)와 에피메테우스(나중에 아는 자) 형제는 신 중의 신인 제우스가 만나고 싶어한다는 전령의 얘기를 듣고 제우스를 기다리고 있었습니다. 형 프로메테우스는 조용히 기다렸지만, 동생 에피메테우스는 무슨 일로 제우스가 자신들을 만나고 싶어하는지 몹시 궁금했습니다.

잠시 후 제우스가 이상하게 생긴 상자 하나를 들고 나타났습니다. 그리고 천둥 같은 큰소리로 말했습니다.

 "이 상자 안에는 세상의 모든 재능이 들어 있다. 상자를 열어 모든 동물들에게 재능을 하나씩 나눠주도록 하거라."

 프로메테우스는 동물들에게 어떤 재능을 줄 것인지 생각하기 시작했습니다. 하지만 먼저 행동에 나선 것은 동생이었습니다. 에피메테우스는 상자를 들고 동물들에게로 가서 선물을 나눠주면서 이렇게 말했습니다.

 "영양에게는 치타의 공격을 피할 수 있게 빠른 다리를 주겠다. 제비에게는 하늘을 날 수 있는 아름다운 날개를 주어 봄을 전할 수 있게 하겠다. 기린에게는 가장 높은 곳에 있는 나뭇잎을 따먹을 수 있게 긴 목을 주겠다. 그리고 악어 너에게는 먹이를 절대 놓치지 않게 강력한 턱을 주겠다."

에피메테우스는 해가 지는 줄도 모르고 쉬지 않고 모든 동물들에게 재능을 선물했습니다. 그러다가 너무 피곤한 나머지 나무 밑에서 잠이 들고 말았습니다.

뒤따라온 프로메테우스는 동생을 깨웠습니다.

"에피메테우스, 한 가지 잊어버린 것이 있잖아."

하지만 너무 깊이 잠이 들어 버린 동생은 형의 말을 듣지 못했습니다. 프로메테우스는 더 크게 말했습니다.

"인간에게는 아무것도 주지 않았어…. 여러 동물들 사이에서 살아남을 수 있는 재능이 인간에게 필요해!"

하지만 에피메테우스는 잠에서 깨어날 줄 몰랐습니다. 할 수 없이 프로메테우스는 인간에게 줄 선물을 자신이 선택하기로 결정하고, 상자를 들고 오랫동안 생각했습니다. 드디어 결정을 내렸습니다. 프로메테우스는 인간에게 지능을 선물하기로 했습니다.

　이 이야기는 플라톤의 『프로타고라스』에 실려 있습니다.

　이 이야기를 읽고 나서 여러분은 어떤 생각이 드나요? 인간이 프로메테우스에게 가장 좋은 선물을 받았다고 생각하나요? 여러분은 세상에서 살아남을 수 있는 가장 훌륭한 무기가 지능이라는 데에 동의하나요? 만약 동의하지 않는다면 여러분은 어떤 선물을 받고 싶고, 그 이유는 무엇인지 말해 보아요!

 철학 명언

"가득 찬 머리보다 잘 정돈된 머리가 낫다"

철학자 몽테뉴는 "가득 찬 머리보다 잘 정돈된 머리가 낫다"는 말을 했습니다. 논리적이고 조직적인 사고력이 뛰어난 기억력이나 많은 지식보다 더 중요하다는 뜻을 담은 유명한 말입니다. 이처럼 단순히 아는 것보다 제대로 아는 것이 더 중요하다는 사실을 강조한 명언이 많습니다. 빈칸에 어떤 말이 들어갈까요? 맞추어 보세요!

1. 배우고 (   )하지 않으면 어둡고,
   생각하고 (   ) 않으면 혼돈스럽다 – 공자

2. 엉터리로 배운 사람은 아무것도 (   ) 사람보다
   더 어리석다 – 벤자민 프랭클린

3. 내가 확실하게 아는 것은 내가 아무것도 (   )는 것이다
   – 소크라테스

정답 | 1. 생각, 배우지
2. 모르는
3. 모른다

3
생각해야 인간이다

철학 읽기
벌거숭이 임금님

　어느 날 옷을 주문한 임금은 재단사가 옷을 잘 만들고 있는지 시종에게 가서 보고 오라고 명령했습니다.
　"옷은 거의 다 완성되었습니다. 그런데 이 옷은 머리가 좋은 사람의 눈에만 보이는 아주 특별한 옷입니다."
　재단사의 이 말을 들은 시종은 옷을 뚫어지게 쳐다보았지만, 아무것도 보이지 않았습니다. 그리고 생각했습니다.
　'옷이 보이지 않는다고 말하면 나를 바보라고 생각하겠지? 궁전에서 쫓겨날지도 몰라.'
　"훌륭한 옷입니다!" 시종은 이렇게 말했습니다.

임금은 이번에는 대신에게 옷을 보고 오라고 명령했습니다. 하지만 대신의 눈에는 아무것도 보이지 않았습니다. '내가 시종보다 머리가 나쁘단 말인가? 그럴 수는 없지. 옷이 보이는 것처럼 행동해야지.'

　이에 대신은 "훌륭해! 놀라워!"라고 감탄했습니다.

　다음날 임금은 직접 재단사를 찾아가 "내 옷은 준비가 다 되었느냐?"라고 물었습니다. 재단사는 임금에게도 특별한 옷에 대해 설명하고, 머리가 좋은 신하들을 둔 것을 축하드린다고 말했습니다. 하지만 임금의 눈에는 어떠한 옷도 보이지 않았습니다. 그리고는 생각했습니다. '내가 신하들보다 머리가 좋지 못하단 말인가? 내가 멍청하다는 것이 알려지면 안 되지.'

　이에 임금은 "훌륭하구나! 정말 화려하구나! 근사한 옷이야!"라며 감탄사를 쏟아냈습니다.

　그러고 나서 임금은 보이지도 않는 옷을 입는 척하고는 많은 사람들이 모여 있는 광장으로 신하들과 함께 나갔습니다. 아무것도 걸치지 않은 임금을 본 사람들은 매우 놀랐지만 아무 말도 할 수 없었습니다.

그런데 갑자기 한 꼬마가 웃으면서 "임금님은 벌거숭이!"라고 외쳤습니다. 그제야 사람들도 웃음을 터트렸습니다. 누구에게도 임금의 옷은 보이지 않았던 것입니다.

재단사는 옷을 만들지도 않은 대가로 큰돈을 받고는 벌써 멀리 도망간 후였습니다.

이 이야기는 안데르센이 쓴 『벌거숭이 임금님』입니다.

여러분도 다른 사람이 사실이라고 말했다고 해서 그 말을 무조건 믿은 적이 있나요? 바보처럼 보이지 않기 위해 모르는데도 아는 것처럼 행동한 적은 없나요?

철학 유머

데카르트가 존재의 이유라고 여긴 것은?

철학 한 마디

나는 생각한다. 고로 존재한다
• 데카르트 •

'나는 생각한다. 고로 존재한다…'는 이 말은 내가 존재하지 않으면 생각을 할 수 없기 때문에 지극히 당연한 말입니다. 이 말은 당연할 뿐만 아니라 매우 중요합니다. 옳은 말이라는 것을 누구나 확신할 수 있기 때문이지요.

그런데 회의주의자들이라 불리는 철학자들은 확신할 수 있는 것은 아무것도 없다고 생각합니다. 우리가 꿈을 꾸고 있을 때 꿈에서 본 것이 진짜처럼 느껴지지만 실제로는 존재하지 않는 것처럼 말입니다. 만약 우리가 계속 꿈을 꾼다면 어떨까요? 회의주의자들에 따르면, 아무것도 사실이

아니고 아무것도 존재하지 않게 될 것입니다.

  하지만 데가르드는 회의주의자들의 주장이 틀렸다고 말합니다. 내가 꿈을 꾸고, 실수를 하고, 의심을 한다는 것은 다시 말해 내가 생각을 한다는 것은 내가 존재한다는 것을 의미합니다. 이것이 바로 부정할 수 없는 분명하고 확실한 진리입니다.

  '나는 생각한다. 고로 존재한다'는 것은 데카르트 철학의 첫 번째 원리로, 모든 새로운 지식의 바탕이 되는 불변의 절대 진리입니다.

 철학 퀴즈

논리적으로 생각하기

삼단논법은 세 개의 문장으로 된 논리적인 추론으로, 마지막 문장이 이전 두 문장의 논리적인 결론이 됩니다.

예를 들어
· 필로는 말벌이다.
· 모든 말벌은 날 수 있다.
· 그래서 필로도 날 수 있다.

아래 4개의 예시 중 올바른 삼단논법을 골라 보세요. 함정에 주의하세요!

· 모든 물고기는 헤엄을 칠 줄 안다.
· 엄마는 헤엄을 칠 줄 안다.
· 그래서 엄마는 물고기이다.

· 가족 중에서 가장 어린 사람이 영리하다.
· 내가 가족 중에서 가장 어리다.
· 그래서 나는 영리하다.

· 내 동생은 천사가 아니다.
· 나는 천사가 아니다.
· 그래서 나는 동생이다.

· 여왕님은 거만하다.
· 내 여동생은 거만하다.
· 그래서 내 여동생은 여왕이다.

정답 | 4

철학 유머
아는 것이 힘이다!

4
경험한 만큼 생각할 수 있다

철학 읽기

아인슈타인의 뇌

천재 과학자 알베르트 아인슈타인은 1955년 76세의 나이로 세상을 떠났습니다. 아인슈타인이 세상을 떠난 후 과학자들은 아이슈타인의 지능이 높은 이유를 밝혀내기로

했습니다. 이를 위해 아인슈타인의 뇌를 조심스럽게 적출해 연구를 진행했습니다.

하지만 아인슈타인의 뇌를 해부한 과학자들은 실망했습니다. 아인슈타인의 뇌 무게가 보통 사람과 비교했을 때 오히려 더 적게 나갔기 때문입니다.

원시 인류에 비해 현생 인류의 뇌는 2~3배 커졌습니다. 자연스럽게 뇌가 크면 머리가 좋을 것이라고 생각해왔습니다.

혹시 뇌의 무게와 크기는 지능에 큰 영향을 미치지 않는 걸까요? 아니면 뇌의 형태가 지능에 영향을 미치는 것일까요? 또는 눈의 색깔처럼 지능도 타고나는 것은 아닐까요? 경험, 사고력, 학습, 호기심 정도에 따라 지능도 달라지는 것은 아닐까요?

결국 지능이 높다는 것은 무엇을 의미할까요?

철학 유머

흄이 경험 안에서 자유롭다고 믿은 것은?

철학 한 마디

생각은 경험 안에서 자유롭다

· 흄 ·

"생각보다 자유로운 것은 없다…. 하지만 생각은 좁은 한계 속에 갇혀 있다."

흄의 이 말은 모순처럼 들리지만, 실은 모순이 아닙니다. 두 가지 이유에서 생각은 자유롭다고 말할 수 있습니다. 첫째는 그 누구도 우리가 생각하는 것을 막을 수 없기 때문입니다. 가혹한 폭군조차 우리의 생각을 가로막을 수 없습니다. 생각하는 것을 말하지 못하게 할 수

는 있지만 생각 자체를 막지는 못합니다.

생각이 자유로운 두 번째 이유는 머리로는 모든 것이 가능하기 때문입니다. 과자로 만든 집, 황금으로 된 산, 유니콘 등은 실제로는 존재하지 않습니다. 하지만 우리는 이 모든 것들을 상상할 수 있습니다. 그래서 생각은 그 무엇보다 자유롭습니다.

하지만 흄은 생각이 좁은 한계 속에 갇혀 있다고 주장합니다. 생각은 아무도 막을 수 없고 존재하지 않는 것들을 얼마든지 상상할 수 있는데, 왜 그런 주장을 했을까요?

생각은 감각을 통해 얻어진 경험들을 조합해 얻는 것이기 때문입니다. 우리가 과자로 만든 집을 상상할 수 있는 것은 집과 과자를 전에 본 적이 있기 때문입니다.

생각은 이미지들이 조합되어 만들어지는 것이지 생각 자체가 새로운 것을 만들어내지는 못합니다. 그렇기 때문에 우리의 생각은 우리의 경험에 제한될 수밖에 없습니다.

철학 읽기

어둠 속의 코끼리

"여행자들이 코끼리를 데리고 왔어요!"

"그래요! 코끼리에요. 정말이에요! 오두막에 숨겨놨어요."

"코끼리가 맞아요!"

방 안에 있던 삼형제는 밖에서 나는 소리를 들었습니다.

"코끼리가 뭐야?" 막내가 물었습니다.

"몰라. 하지만 뭔가 굉장한 것 같은데." 둘째가 대답했습니다.

"그런가봐. 모든 사람이 코끼리 얘기만 하잖아!" 첫째도 동의했습니다.

"부모님이 잠자리에 들면 여행자들의 숙소로 가서 코끼리가 어떻게 생겼는지 한번 확인해보자"라고 첫째가 제안했습니다.

밤이 되자 삼형제는 코끼리가 숨겨져 있는 오두막으로 숨죽여 갔습니다. 오두막에는 분도 없고 창문도 없었습니다. 팔 하나 정도 들어갈 수 있는 세 개의 작은 구멍만 있었습니다.

첫째가 구멍에 팔을 넣어 손가락으로 코끼리를 만지자 동생들도 따라서 구멍에 손을 넣었습니다.

"코끼리는 거대한 파이프인가봐."

코끼리 코를 만진 첫째가 말했습니다.

"나는 부채 같은데."

코끼리 귀를 만진 둘째가 말했습니다.

"아니야! 옥좌야."

코끼리 등을 만진 막내가 말했습니다.

"어쨌든 코끼리는 소란을 피울 만큼 대단한 것이 아니었어!"라고 첫째는 결론내렸습니다.

이렇게 삼형제는 코끼리가 무엇인지 제대로 알지 못한 채 실망스러운 마음으로 집으로 돌아왔습니다.

이 우화는 13세기 페르시아의 시인이었던 잘랄 우딘 루미가 쓴 『마스나비』에 실려 있는 글입니다.

이 이야기를 읽고 여러분은 어떤 생각을 했나요?

코끼리가 어떤 동물인지 제대로 이해하기 위해 삼형제

는 어떻게 해야 했을까요? 코끼리를 제대로 보았다면 코끼리가 어떤 동물인지 알 수 있었을까요? '아프리카와 아시아에서 서식하는 초식동물'이라는 것도 알 수 있었을까요? 사물을 총체적으로 알려면 어떻게 해야 할까요?

• 철학 테스트 •

나는 어떤 철학자일지 알아봐요!

아래 질문에 대답하다 보면 내가 어떤 철학자인지 알 수 있습니다. 답에 해당하는 도형을 종이에 적은 다음 ▲, ●, ■의 수를 세어보세요.

정답은 없습니다. 자신이 생각하는 것을 고르면 됩니다.

1. 내가 태어났을 때….

● 내 머리는 완전히 빈 상태였다. 하지만 시간이 지나면서 내가 보고, 좋아하고, 경험한 것으로 채워진다.

▲ 내 머리는 이미 많은 생각과 지식으로 가득 차 있다. 스스로 질문하고 생각하면서 조금씩 지식을 발견하게 된다.

2. 나는 인어를 상상할 수 있다. 왜냐하면….

▲ 내 머리에 완전한 인어의 이미지가 있기 때문이다.
■ 나는 이미 여자와 물고기를 보았기 때문에 이 두 이미지를 조합해 상상할 수 있다.

3. 모든 고양이의 눈은 두 개다.

▲ 물론이다! 세 살짜리 아이도 아는 것이다.
■ 지구상에 있는 모든 고양이를 보지 않았기 때문에 모든 고양이의 눈이 두 개인지 확신할 수 없다.

4. 새로운 발견을 할 수 있는 가장 좋은 방법은….

■ 이미 알고 있는 것에서부터 시작해 또 다른 지식을 추론하는 것이다.
● 관찰하고 경험하는 것이다.

5. 모든 것에 대하여 의심을 품어야 하는가?

   ■ 내가 아는 모든 것에 대해 의심해 보아야 한다. 그래야 정확하게 알고 있는지 확인할 수 있다.
   ● 의심을 품는 것도 과학의 일부이다. 어느 것도 100% 확신할 수 없다.

6. 지식에 대한 나의 신조는….

   ▲ 내가 확실하게 아는 것은 내가 아무것도 모른다는 것이다. 그래서 끊임없이 진리를 찾아야 한다.
   ■ 내가 아는 것은 적어도 내가 존재한다는 것이다. 거기에서부터 다른 진리를 찾을 수 있다.

7. 항상 선과 악을 구분할 수 있는가? 올바른 것이 무엇인지 알고 있는가?

   ■ 무엇이 정의인지 확신할 수 없기 때문에 확신이 설 때까지 최선을 다해야 한다.
   ▲ 자신에게 충실하고 올바른 질문을 던지면 절대 틀리지 않는다.

세모가 많으면, 소크라테스 형!
• 소크라테스는 어떤 사람인가? •

소크라테스는 기원전 5세기 아테네에서 살았습니다. 위대한 철학자로 알려진 소크라테스는 책을 쓰지 않았습니다. 다행히 제자인 플라톤이 스승과의 대화를 책으로 남긴 덕분에 그의 사상을 엿볼 수 있습니다.

실제로 소크라테스는 책을 쓰거나 가르치는 것보다 사람들과 만나서 대화하는 것을 좋아했습니다. 다 안다고 생각하는 사람들에게 실은 아는 것이 아무것도 없다는 것을, 그리고 아는 것이 없다고 생각하는 사람들에게는 생각을 하면 모든 것을 알 수 있다는 것을 묻고 답하는 문답법을 통해 증명했습니다.

소크라테스에 따르면, 우리는 세상에 있는 모든 지식을 이미 알고 있는데, 다만 우리의 깊은 곳 어딘가에 숨겨져 있기 때문에 올바른 질문을 통해 지식을 끌어내야 한다는 것입니다.

소크라테스는 교육을 받지 못한 사람들을 포함에 모든 사람들에게 끊임없이 질문을 던지며 스스로 미, 사랑, 지혜, 정치 그리고 여러 분야에서 진리를 찾을 수 있도록 도와주었습니다.

그는 아테네에서 가장 위대한 철학자였지만 가난하게 살았습니다. "먹기 위해 사는 사람도 있지만 나는 살기 위해

- **이름** : 소크라테스
- **시대와 지역** : 기원전 470~399년, 아테네
- **동시대인** : 플라톤(철학자), 아리스토파네스(시인), 페리클레스(정치인)
- **명언** : "내가 확실하게 아는 것은 내가 아무것도 모른다는 것이다."
  "부정을 저지르는 것보다 감내하는 것이 더 가치 있는 일이다."
- **주요 저서** : 소크라테스는 책을 남기지 않았지만 플라톤이 쓴 『소크라테스의 변명』, 『메논』, 『크리톤』 등에서 소크라테스의 사상을 엿볼 수 있다.

먹는다"라고 말하며 사람들에게 돈을 요구하지도 않았고, 사는 데 많은 것이 필요하지도 않다고 주장했습니다.

  소크라테스의 이런 태도를 싫어하는 사람들도 있었습니다. 이들은 소크라테스가 아테네 청년들을 현혹한다고 생각해 그를 아테네 법정에 고소했습니다. 아테네 법정은 소크라테스가 청년들의 교육에 해가 되는 사상을 퍼뜨린다는 죄목으로 사형을 선고했습니다. 주위 사람들은 그에게 외국으로 도피하라고 권유했지만, 소크라테스는 그 제안을 거부하고 용기 있게 독배를 마셨습니다.

네모가 많으면, 데카르트 형!
• 데카르트는 어떤 사람인가? •

르네 데카르트는 가장 위대한 프랑스 철학자 중 한 명입니다. 1596년 투렌 지방의 라에라는 작은 마을에서 태어나 1628년 홀란드에 정착했습니다. 당시 그는 프랑스에서는 자신의 생각을 자유롭게 말하고, 자신의 생각을 책으로 펴낼 수 없어 프랑스를 떠날 수 밖에 없었습니다.

데카르트는 고대부터 내려온 지식을 청산하고 과학사를 처음부터 다시 쓰겠다는 야심찬 계획을 세웠습니다. 수 세대를 거쳐 전해 내려오는 수많은 오류와 편견은 잊어버리고, 거짓에서 진실을 가려내 점차적으로 과학을 재정립할 수 있는 방법을 모색했습니다.

데카르트의 방법론은 예외 없이 모든 지식에 대해 의심을 품는 데서 출발합니다. 사물의 존재조차 말입니다!

"내가 보고 있는 사물은 실제로 존재하는 것이 아니고 상상 속에 존재하는 것일 수도 있다"라고 데카르트는 말했습니다.

그렇다면 우리가 보고 있는 것조차 믿지 못한다면 무엇을 믿을 수 있단 말인가요?

데카르트는 우리가 보거나 느끼는 것에 따라 변하지 않는 '타고난 관념'이 있다고 생각했습니다. 수학적 진리가

- **이름** : 르네 데카르트
- **시대와 지역** : 1596년 프랑스 라에에서 태어나 1650년 스웨덴 스톡홀름에서 세상을 떠났다.
- **동시대인** : 홉스(철학자), 코르네이유(극작가), 갈릴레이(물리학자, 천문학자), 루이 13세(프랑스 왕)
- **명언** : '나는 생각한다. 고로 존재한다.', '세상에서 가장 공평하게 분배되어 있는 것은 상식이다.'
- **주요 저서** : 『방법서설』, 『철학의 원리』

바로 그것입니다. 우리의 정신에 내재한 '타고난 관념' 덕분에 정확하고 체계적으로 사고한다면 어떤 진리도 발견할 수 있다고 데카르트는 주장합니다.

동시에 모든 분야의 지식을 얻는 길은 길고 험난하다는 것도 인정했습니다.

데카르트는 자신의 야심찬 계획을 완수하지 못한 채 53세에 세상을 떠났지만 철학사에 큰 족적을 남겼습니다.

동그라미가 많으면, 흄 형!
• 흄은 어떤 사람인가? •

 데이비드 흄은 18세기에 활동했던 스코틀랜드 출신의 철학자입니다. 프랑스 철학자들과 많은 교류를 나누었는데, 특히 장 지그 루소와의 친분은 유명합니다.

 26세에 이미 자신의 가장 유명한 저작 『인간 본성에 관한 논고』를 썼습니다.

 경험주의자인 흄은 우리가 얻는 모든 지식과 생각은 경험과 감각에서 나온 것이고, 우리의 정신은 우리가 살면서 보고 경험한 것으로만 이루어져 있다고 주장합니다.

 예를 들어 내가 오리를 아는 것은 내가 오리를 본 적이 있기 때문이고, 두려움이 무엇인지 아는 것은 두려운 감정을 경험한 적이 있기 때문이라는 것입니다. 정말로 두려운 감정을 느껴본 적조차 없다면 두렵고 무서운 일을 만나도

겁없이 달려들 것입니다.

설령 본 적이 없거나 경험하지 않은 것이라도 이미 알고 있는 것이 있다면 머리에서 '조합'하면 알 수 있습니다.

예를 들어 한 번도 사랑에 빠진 경험이 없다고 해도 그것이 무엇을 의미하는지 알 수 있습니다. 누군가를 '좋아하는' 감정을 떠올려 그 감정을 백 배 확대시키면 되기 때문입니다.

흄은 회의주의자이기도 합니다. 그는 인간과 자연에 대해 확신할 수 없다고 생각했습니다. 추측은 할 수 있지만 절대 완전히 확신할 수는 없다는 것입니다.

예를 들어 여러 해에 걸쳐 제비가 겨울에 따뜻한 곳을 찾아 날아가는 것이 관찰되었다면 다음 해에도 같은 일이 일어날 것이라고 추측할 수 있습니다. 하지만 꼭 그렇게 된다는 것을 증명할 수는 없습니다.

끓는 물도 마찬가지입니다. 그의 이론

에 따르면, 섭씨 100도씨에서 물이 끓는 것을 수천 번 봤다고 해서 앞으로도 계속 그렇게 되리라는 것을 증명할 수는 없습니다.

하지만 회의주의(어떤 것도 확신하지 않는 태도)의 주장처럼 과학연구를 막아서는 안 됩니다. 과학연구를 통해 확실한 진리에 도달하지 못한다고 하더라도 그 과정에서 인간에게 매우 유용한 지식을 얻을 수 있기 때문입니다.

- **이름** : 데이비드 흄
- **시대와 지역** : 1711~1776년, 에든버러(스코틀랜드)
- **동시대인** : 루소, 디드로, 볼테르(철학자), 아담 스미스(경제학자)
- **명언** : "생각보다 자유로운 것은 없다… 하지만 생각은 좁은 한계 속에 갇혀 있다."
- **주요 저서** : 『인간 본성에 관한 논고』, 『인간 이해력에 관한 탐구』

글 잔 부아예

프랑스 툴루즈에서 태어나 철학을 공부했습니다. 어린이를 위한 쉽고 흥미로운 철학책을 쓰는 시간이 가장 즐겁습니다. 그동안 쓴 책으로 『정치에 대해 이야기해 봐요! Et si on parlait de politique?』 『철학쌤! 옳고 그름이 뭐예요?』 등이 있습니다. 현재 프랑스 파리에 살며, 글을 쓰고 책을 만드는 일도 함께 하고 있습니다.

그림 뱅상 베르지에

프랑스 파리에서 살고 있습니다. 유명 만화 주인공 '뤼키 뤼크'를 그리면서 어린 시절을 보냈습니다. 대학교에서 미술을 공부한 뒤 지금은 프랑스의 여러 출판사에서 나오는 어린이책과 잡지에 그림을 그리고 있습니다.

옮김 임명주

한국외국어대학교 불어과와 동대학교 통번역대학원을 졸업했습니다. 주한프랑스대사관 상무관실에서 근무했으며, 프랑스 농식품진흥공사(SOPEXA) 대표를 역임했습니다. 옮긴 책으로 『점령하라』 『경영 심리학』 『1시간 기획』 『좌파 이야기』 『그림자 소녀』 등이 있습니다.

철학쌤! 안다는 것이 뭐예요?

초판 1쇄 인쇄   2016년 9월 1일
초판 1쇄 발행   2016년 9월 10일

글	잔 부아예
그림	뱅상 베르지에
옮김	임명주
디자인	곽민경
펴낸이	김경희
펴낸곳	도서출판 다산기획
등록	제1993-000103호
주소	(04038) 서울 마포구 양화로 100 임오빌딩 502호
전화	02-337-0764 전송 02-337-0765
ISBN	978-89-7938-105-4 73190

* 잘못 만들어진 책은 바꿔 드립니다.